The French Oral Examination

Certificate of Extended Education, and General Certificate of Education – Ordinary Level

Revised Edition

BRYAN ALLEN MA, MEd, PhD
Licencié ès Lettres
Headmaster, Brune Park School
Gosport, Hampshire.
Sometime Assistant Examiner
in Oral French for the
Associated Examining Board
for the General Certificate
of Education

Macmillan
Education

First published 1970
Reprinted 1970, 1971, 1973
Revised edition 1977
Reprinted 1977

Published by
MACMILLAN EDUCATION LTD
Houndmills Basingstoke Hampshire RG21 2XS
and London
Associated companies in Delhi Dublin
Hong Kong Johannesburg Lagos Melbourne
New York Singapore and Tokyo

Printed in Hong Kong by Dah Hua Printing Press Co. Ltd.

Acknowledgements

The author is grateful to the following examining bodies for allowing him to use illustrations from their past papers:

EAEB: The East Anglian Examinations Board for the Certificate of Secondary Education

London: The University of London School Examinations Department

MREB: The Metropolitan Regional Examinations Board for the Certificate of Secondary Education

SREM: The Southern Regional Examinations Board for the Certificate of Secondary Education

The author would also like to thank the University of London School Examinations Department for allowing him to use reading passages from their past papers.

Foreword

The format of the oral examination has changed considerably over the past few years, and for the better. In the past, far too many pupils who have completed a five-year secondary course have been unable to understand simple spoken French and incapable of making themselves understood in French on everyday topics.

Pronunciation, intonation, fluency and accuracy may be desirable objectives, but they are subordinate at this level to the aim of French for basic communication. Most candidates will not continue their studies into the sixth form and, after their CSE or 'O' Level examination, their next contact with the French language will be 'for real' at Calais or Orly. A few may work towards a CEE module.

This means that many candidates will be of modest attainment, needing to learn speech models by heart. Probably they will neither seek nor attain a real command of the language. It is our forgetfulness of this basic premise that has caused so many students to perform so badly in the oral examination.

This book is divided into appropriate sections: general conversation, the use of pictures, role-play, the prepared topic and the use of reading passages. No oral examination will include all these tests. Only a study of the appropriate examination syllabus will indicate which items are relevant. 'O' level and CEE (Basic Proficiency in French) candidates are advised, all the same, to work through appropriate sections at CSE level first.

I am grateful to John Spencer for having read through the manuscript and for his perceptive and helpful comments. Any errors are, of course, my own.

Contents

I General conversation (C S E and 'O' Level)

SPECIMEN CSE TEST

Short, simple answers are wanted in reply to straightforward questions. Extended or complicated answers may contain mistakes and thus lose the candidate marks.

Basic personal information

Q Comment vous appelez-vous?
A Je m'appelle Robert Green.
Q Quel âge avez-vous?
A J'ai seize ans.
Q Où habitez-vous?
A J'habite à Bedford. (J'habite Bedford is also correct.)

Family

Q Est-ce que vous avez des frères ou des soeurs?
A Oui, j'ai un frère et deux soeurs.
Q Combien de personnes y-a-t-il dans votre famille?
A Il y a six personnes dans ma famille.
Q Comment s'appelle votre meilleur ami?
A Il s'appelle Freddie Brown.
Q Quel âge a-t-il?
A Il a seize ans.

School

Q Depuis quand êtes-vous élève de cette école?
A Je suis élève de cette école depuis cinq ans.
Q Que faites-vous le soir après vos devoirs?
A Après mes devoirs je regarde la télévision ou je joue au football.
Q A quelle heure allez-vous en classe le matin?
A Je vais en classe le matin à neuf heures.
Q Quelles matières étudiez-vous?
A J'étudie l'anglais, le français, l'histoire, la géographie et les mathématiques.
Q Quelle est votre matière préférée?
A L'anglais est ma matière préférée.
Je préfère / J'aime bien — la littérature.
Q Pourquoi?
A Parce que j'aime la littérature. Je lis les romans de Conan Doyle.

Weather and time

Q Quel temps fait-il aujourd'hui?
A Il fait

beau.	beau et chaud.	froid et sec.
mauvais.	beau mais frais.	mauvais et humide.
chaud.	chaud et nuageux.	
froid.		

Q Quelle est la date aujourd'hui?
A Aujourd'hui c'est le vingt-cinq mai.
Q Quelle saison préférez-vous?
A Je préfère l'été.
Q Pourquoi?
A Parce qu'il fait chaud.
Q Quelle heure est-il?
A Il est neuf heures trente-cinq.
Q Quelle jour sommes-nous aujourd'hui?
A Aujourd'hui c'est mercredi.

France

Q Quelle ville de France voulez-vous visiter?
A Je veux visiter Paris.
Q Pourquoi?
A Parce qu'il y a beaucoup à voir.
Q Par exemple?
A Des monuments – l'Arc de Triomphe, la Tour Eiffel, la Cathédrale de Notre-Dame, le Palais du Louvre.
Q Pouvez-vous me donner le nom d'un tableau célèbre qui se trouve dans le Musée du Louvre?
A 'La Joconde' de Léonardo da Vinci. Les Anglais l'appellent la 'Mona Lisa'.
Q Qu'est-ce que les Français prennent au petit déjeuner?
A Les Français — mangent des croissants et boivent du café au lait. / prennent des croissants et du café au lait.
Q Qui est le président de la République Française?
A Le président est Monsieur Giscard d'Estaing.

SPECIMEN 'O' LEVEL TEST

The main difference between CSE and 'O' level tests is the tense manipulation expected in the latter, although candidates' replies should also generally be longer. A more speedy response is expected at 'O' Level. (It is not too far from the truth to say that an 'O' Level candidate should keep talking whilst CSE students can afford to make the shortest possible replies to avoid being penalised for errors.)

Basic personal information

Q Comment vous appelez-vous?
A Je m'appelle Christine Baker.
Q Quel âge avez-vous?
A J'ai seize ans.
Q Quel âge aviez-vous l'année dernière?
A L'année dernière j'avais quinze ans.
Q Où habitez-vous?
A J'habite un village à trois kilomètres de l'école.

Family

Q Avez-vous des frères?
A Oui, j'en ai deux.
Q Qui est le plus âgé de vos frères?
A Mon frère, Richard, est le plus âgé.
Q Quel âge aura-t-il l'année prochaine?
A Il aura dix-neuf ans (l'année prochaine).
Q En quelle année est-il né?
A Il est né en dix-neuf cent cinquante-huit.
Q Comment aidez-vous vos parents à la maison?
A J'aide ma mère à faire le ménage le samedi matin.
Q A quelle heure vous êtes-vous couchée hier soir?
A Je me suis couchée à dix heures.
Q A quelle heure vous levez-vous d'habitude le matin?
A D'habitude je me lève à sept heures et demie.
Q Qu'est-ce que vous avez pris au petit déjeuner ce matin?
A J'ai mangé des céréales et j'ai bu du thé.

School

Q A quelle heure quitterez-vous l'école ce soir?
A Je quitterai l'école ce soir à quatre heures moins le quart.
Q Si vous n'aviez pas de devoirs ce soir, comment passeriez-vous la soirée?
A Je regarderais la télévision.
Q Combien d'élèves y a-t-il dans votre école?
A Il y a quatorze cents élèves dans mon école.
Q Et dans votre classe de français?
A Nous sommes vingt-six.
Q Depuis combien de temps étudiez-vous le français?
A J'étudie le français depuis cinq ans.
Q Pourquoi avez-vous choisi le français?
A Parce que c'est une langue utile dans le commerce du marché commun.
Q Que voulez-vous faire lorsque vous quitterez l'école?
A Je veux travailler comme secrétaire ou hôtesse de l'air, et le français me sera utile.

France

Q Avez-vous visité la France?
A Oui, monsieur/madame.
Q Où êtes-vous allée?
A Je suis allée à Boulogne.
Q Combien de temps êtes-vous restée à Boulogne?
A Je suis restée un jour seulement à Boulogne.
J'y suis restée un jour seulement.
Q Qu'est-ce que vous avez vu à Boulogne?
A J'ai vu le port, des cafés, et beaucoup de magasins.
Q Si vous aviez beaucoup d'argent, où iriez-vous passer vos vacances en France?
A J'irais sur la Côte d'Azur.
Q Pourquoi la Côte d'Azur est-elle si célèbre?
A Parce qu'il y fait beau et chaud; il y a du soleil, la mer et des fleurs.

Vocabulary testers

Q Que faites-vous lorsque vous avez soif?
A Je bois.
Q Et quand vous avez sommeil?
A Je dors.
Q Décrivez les vêtements que je porte.
A Vous portez une veste claire avec un pantalon gris et une paire de souliers noirs. Vous avez une chemise blanche avec une cravate bleue rayée.

Q Décrivez votre meilleure amie.
A Ma meilleure amie s'appelle Sylvie, elle a seize ans et elle est toujours de bonne humeur. Elle porte souvent quelque chose de vert. C'est sa couleur préférée.
Q Lorsque vous avez faim que faites-vous?
A Je mange.
Q Qu'est-ce que vous mangez?
A Peu importe, des frites de préférence. J'ai souvent faim.

A basic framework of topics valid for both CSE and 'O' Level candidates can thus be constructed:

For *CSE* – basic personal information
home and family
school, hobbies, sports, future work
France – visits, holidays
weather, times, seasons
dress, shopping.

For *'O' Level* – as above plus:
animals
French background studies.

CSE is all or nearly all French in the present tense, although sometimes the perfect, imperfect and future occur.

'O' Level means conversation in the past, present and future tenses plus the conditional if this arises naturally. Questions are open-ended to prevent a *oui-non* response.

CSE conversation usually lasts from three to five minutes.

'O' Level conversation lasts from seven to ten minutes.

LISTS OF LIKELY QUESTIONS BY TOPIC

Basic personal information

1 Comment vous appelez-vous? / t'appelles-tu?
Quel est votre nom?
2 Quel âge avez-vous?
3 Quel âge aviez-vous l'année dernière?
4 Quel âge aurez-vous l'année prochaine?
5 En quelle année êtes-vous né(e)?
6 Où habitez-vous?
7 Est-ce que vous habitez une maison ou un appartement?

Home and family

1 Décrivez votre maison / appartement.
2 Faites une description de la cuisine chez vous. / vos voisins.
3 Est-ce que vous avez des frères et des soeurs?
4 Combien?
5 Qui est le plus jeune? / âgé?
6 Comment s'appelle-t-il (elle)?
7 Quel âge aura-t-il(elle) l'année prochaine?
8 Comment aidez-vous vos parents à la maison?
9 Si vous aviez beaucoup d'argent quelle sorte de maison achèteriez-vous?

School

1 Décrivez votre voyage de la maison à l'école.
2 Avec qui êtes-vous venu(e) à l'école ce matin?
3 Combien y a-t-il d'élèves dans votre école? / classe de français?
4 Comment s'appelle votre professeur de français?
5 Quelles sont les matières que vous étudiez à l'école?
6 Quelle est votre matière préférée? Pourquoi?
7 Depuis combien de temps êtes-vous à cette école? / étudiez-vous le français?
8 Que ferez-vous ce soir après avoir quitté l'école?
9 Et si vous n'aviez pas de devoirs, comment passeriez-vous la soirée?

Hobbies and future work

1 Quel est votre programme favori à la télévision? Pourquoi?
2 Quel sport préférez-vous? Pourquoi?
3 Comment dépenserez-vous votre argent de poche cette semaine?
4 Préférez-vous la campagne à la mer? Pourquoi? Et la montagne?
5 Quel âge aurez-vous quand vous quitterez l'école?
6 Quelle sorte de travail chercherez-vous?

7 Que fait une dactylo? une infirmière? un ingénieur? un facteur? un garçon boucher? un commis-voyageur?

8 Allez-vous travailler dans cette ville? en Angleterre? Pourquoi (pas)?

9 Êtes-vous prêt(e) à travailler en Europe? Pourquoi (pas)? Dans la CEE? Qu'est-ce que c'est? Combien de pays? Lesquels?

France

(*Not* required by some CSE boards. Nearly always required at 'O' Level.)

1 Avez-vous visité la France? Où? Quand? Voulez-vous visiter la France? Pour combien de temps?

2 Racontez-moi vos impressions de Boulogne. Calais. Paris etc.

3 Qu'est-ce qu'on mange généralement pour le petit déjeuner en France?

4 Quel temps fait-il d'habitude à Nice?

5 Dans quelle vallée française se trouvent des châteaux célèbres?

6 La Fête Nationale en France a lieu à quelle date?

7 De quel côté de la route circulent les véhicules en France?

8 Supposez que vous êtes dans un café en France. Commandez une boisson.

9 Quelle région de France aimeriez-vous visiter? Pourquoi?

Weather, time and seasons

1 Quel temps fait-il aujourd'hui?

2 Quel temps a-t-il fait hier?

3 Quelle est votre saison préférée? Pourquoi?

4 Quel mois fêtez-vous votre anniversaire?

5 A quelle date?

6 Quelle heure est-il?

7 A quelle heure vous couchez-vous d'habitude? Et le samedi?

8 A quelle heure vous êtes-vous levé(e) ce matin? vous levez-vous le dimanche matin?

9 A quelle heure quitterez-vous l'école aujourd'hui? avez-vous quitté l'école hier?

Shopping, dress and animals

1 Décrivez les vêtements que vous portez. que je porte.

2 Que portez-vous le soir lorsque vous sortez avec des ami(e)s?

3 Et s'il pleut?

4 Et quand vous allez à la plage? piscine? à un 'disco'?

5 Chez qui achète-t-on le pain? la viande? les fruits? le poisson? le lait? les légumes? du sucre? un manteau? des livres? une crème glacée?

6 Qu'est-ce que vend un patissier confiseur? un charcutier? un quincaillier? un épicier? un pharmacien? un marchand de journaux? Pouvez-vous donner le nom d'un journal francais?

7 Aimez-vous les animaux domestiques? Lesquels? Pourquoi (pas)?

8 Avez-vous un chat? un chien? Décrivez-le.
(Si non) Préférez-vous les chiens aux chats? Pourquoi (pas)?

9 Avez-vous visité un jardin un parc zoologique? Où? Quand?
(Si non) Aimeriez-vous visiter un jardin zoologique? Pourquoi (pas)?

French background studies

1 Qui est le Président de la République Française?

2 Qu'est-ce que c'est que le Tour de France? les vingt-quatre heures du Mans? le Grand Prix de Monaco?

3 Quels sont les neuf pays membres du marché commun?

4 Qu'est-ce que c'est que la Tour Eiffel? l'Arc de Triomphe? le Pont du Gard? le Mont Saint Michel?

5 Quels sports peut-on pratiquer dans les Alpes?

6

	homme politique	
Donnez-moi le nom d'un célèbre	écrivain	français.
	musicien	
	artiste	

7

	le cordonnier?	la blanchisseuse?
	le droguiste?	la retoucheuse?
Pourquoi va-t-on chez	le coiffeur?	un agent immobilier?
	le serrurier?	un traiteur?
	le dégraisseur?	un antiquaire?

Et si on voit une pancarte avec l'indication 'Soldes' – qu'est-ce que cela signifie?

8 Dans quels pays autres que la France parle-t-on français?

9 Quelle personalité de l'histoire de France vous impressionne-t-elle le plus? Pourquoi?

10 Donnez un exemple de la co-opération franco-anglaise.

11 Quels sont les horaires de travail pratiqués en France?

12 Et quelles sont les heures d'ouverture et fermeture des magasins?

13 A quelle heure commencent les cours dans les écoles?

14 A quelle date les écoles sont-elles en vacances?

Vocabulary and Grammar testers

1

	faim?
Que faites-vous lorsque vous avez	soif?
	sommeil?

2

Est-ce que ma montre	retarde?	De combien?
	avance?	

3 Quand vous présenterez-vous à l'examen écrit de français?

4 Pensez-vous être reçu(e)?

5 Quand vous avez visité la France est-ce que vous vous y êtes plu? Pourquoi (pas)?

6 Quel temps fait-il?

7 Quelle heure est-il?

8

	étudiez-vous le français?
Depuis combien de temps	êtes-vous ici?
	êtes-vous à cette école?

EXAMINATION TECHNIQUE

Long Term

Keep asking questions of your teacher, your friends and yourself:

Est-ce que?	A quoi?
Qu'est-ce que?	Quand?
Pourquoi?	Depuis quand?
Qui?	Comment?
A qui?	Où?
Lesquels?	Avec qui?

In the examination room

1 Listen carefully to the examiner's accent; it may well be somewhat different from that of your teacher. As he will probably have spoken to you as a group before the examination, it should not come as a complete surprise.

2 Remember that more formal courtesies exist in French than in English. Address the examiner as *Monsieur* or *Madame* and reply: *Oui, Monsieur; Non, Madame.*

3 If you do not understand a question, say: *Je ne comprends pas la question, Monsieur.*

4 If you are at a loss for a word, then say: *J'ai oublié le mot pour* . . . . This is more subtle if less truthful than: *Je ne connais pas le mot pour. . . .*

5 Keep off technical terms, even sport, where your thoughts in English will speed along too fast for your French to keep up.

6 Try and avoid the use of negatives which, especially with the perfect tense, causes some students to get confused.

7 Do not hesitate too long before answering.
Some emergency phrases:
Voulez-vous répéter la question, s'il vous plaît, Madame/Monsieur.
Je ne comprends pas, Madame/Monsieur.
Je n'ai pas compris la question, Madame/Monsieur.
Que veut dire le mot . . . s'il vous plaît, Madame/Monsieur?
Je ne connais pas le mot français pour . . . Madame/Monsieur.

8 Sometimes a quite short answer will suffice, e.g. *A quelle heure vous couchez-vous d'habitude le soir?* can be answered quite correctly *A dix heures* rather than *Je me couche d'habitude le soir à dix heures.* If in doubt, though, use a whole sentence.

The learning of automatic responses

It may not have much to do with learning to speak French but the awareness of automatic responses can contribute towards high CSE grades and even, perhaps, good results at 'O' Level, e.g.

Question	*Response*
Avez-vous + past participle?	*J'ai* + past participle
Êtes-vous + past participle?	*Je suis* + past participle
Vous êtes-vous + past participle?	*Je me suis* + past participle
Allez-vous + infinitive?	*Je vais* + infinitive
Voulez-vous + infinitive?	*Je veux* + infinitive
Savez-vous + infinitive?	*Je sais* + infinitive

For the future tense a candidate should make the same sound as the examiner e.g.

Manger*ez*-vous Je manger*ai*

N.B. Use of *faire*

Qu'avez-vous fait hier soir? J'ai fait mes devoirs.

2 Pictures in the oral (C S E)

This picture © Metropolitan Regional Examinations Board

Simple answers are wanted in reply to straightforward questions, usually in the present tense. The pictures invariably tell an easily-understood story. Usually the candidate is given a short time (from five to ten minutes) to look at the pictures first. Some of the later picture questions given here increase in difficulty.

Picture 1 (Specimen CSE test)

Frame 1:

Q1 Où est la jeune fille?
A1 Elle / *La jeune fille est dans sa chambre.
Q2 Que fait-elle?
A2 Elle lit.
Q3 Qu'est-ce qu'il y a sur son lit?
A3 Il y a un tourne-disque.

Frame 2:

Q4 Quelle heure est-il?
A4 Il est neuf heures vingt.
Q5 Qu'est-ce qu'elle tient dans sa main?
A5 Elle tient un disque.
Q6 Pourquoi ne porte-t-elle pas ses lunettes?
A6 Parce qu'elle ne lit pas son livre.

Frame 3:

Q7 Où est-elle maintenant?
A7 Elle est dans la salle de bains.
Q8 Qu'est-ce qu'elle fait?
A8 Elle se brosse les dents.
Q9 Que voyez-vous au-dessus de la baignoire?
A9 Je vois un miroir au-dessus de la baignoire.

Frame 4:

Q10 Où se trouve la jeune fille?
A10 Elle est au lit / couchée
Q11 Pourquoi, porte-t-elle ses lunettes?
A11 Parce qu'elle lit son livre.
Q12 Pourquoi les rideaux sont-ils fermés?
A12 Parce qu'il fait nuit.

* At CSE level credit is not always given for using a pronoun and, in the stress of the exam situation, a candidate may get it wrong. He can therefore keep the words of the question in his reply and begin *La jeune fille. . . .*

This picture © Metropolitan Regional Examinations Board

Picture 2

Frame 1: *Q1* Combien de moutons voyez-vous?

Q2 Est-ce-qu'il y a quatre cheminées? Combien donc?

Q3 Comment appelle-t-on cette maison?

Frame 2: *Q4* Quelle est la saison de l'année?

Q5 Comment le savez-vous?

Q6 Où sont les pommes déjà cueillies?

Frame 3: *Q7* Décrivez l'homme que vous voyez.

Q8 Qu'est-ce qu'il met dans le camion?

Q9 Où sont les pommes?

Frame 4: *Q10* Quelles sont ces bêtes?

Q11 Qu'est-ce qu'elles mangent?

Q12 Une vache est couchée, que font les autres?

This picture © Metropolitan Regional Examinations Board

Picture 3

Frame 1: *Q1* Où les jeunes gens entrent-ils?

Q2 Comment s'appelle l'artiste qu'ils vont voir?

Q3 Qu'est-ce que la jeune fille tient dans sa main?

Frame 2: *Q4* Qui prend les billets?

Q5 Combien coûte une place?

Q6 Que fait la jeune fille?

Frame 3: *Q7* Pourquoi la jeune fille ouvre-t-elle son parapluie?

Q8 Combien de personnes voyez-vous?

Q9 La caissière n'est plus à sa place. Pourquoi?

Frame 4: *Q10* Quelle heure est-il?

Q11 Faites une description du barman?

Q12 Que fait le jeune homme?

This picture © Metropolitan Regional Examinations Board

Picture 4

Frame 1:
- *Q1* Que fait le jeune homme?
- *Q2* Comment la jeune fille s'amuse-t-elle?
- *Q3* Pourquoi la porte n'est-elle pas fermée?

Frame 2:
- *Q4* Qui a ouvert la fenêtre?
- *Q5* Pourquoi?
- *Q6* Est-ce que le jeune homme lave le dessous de la voiture? Où donc?

Frame 3:
- *Q7* Pourquoi le jeune homme est-il dans le salon?
- *Q8* Est-ce que son père est debout? Comment est-il donc?
- *Q9* Que faisait le père?

Frame 4:
- *Q10* Qui lave la voiture maintenant?
- *Q11* Où va le jeune homme? Comment le savez-vous?
- *Q12* Qui n'est plus là?

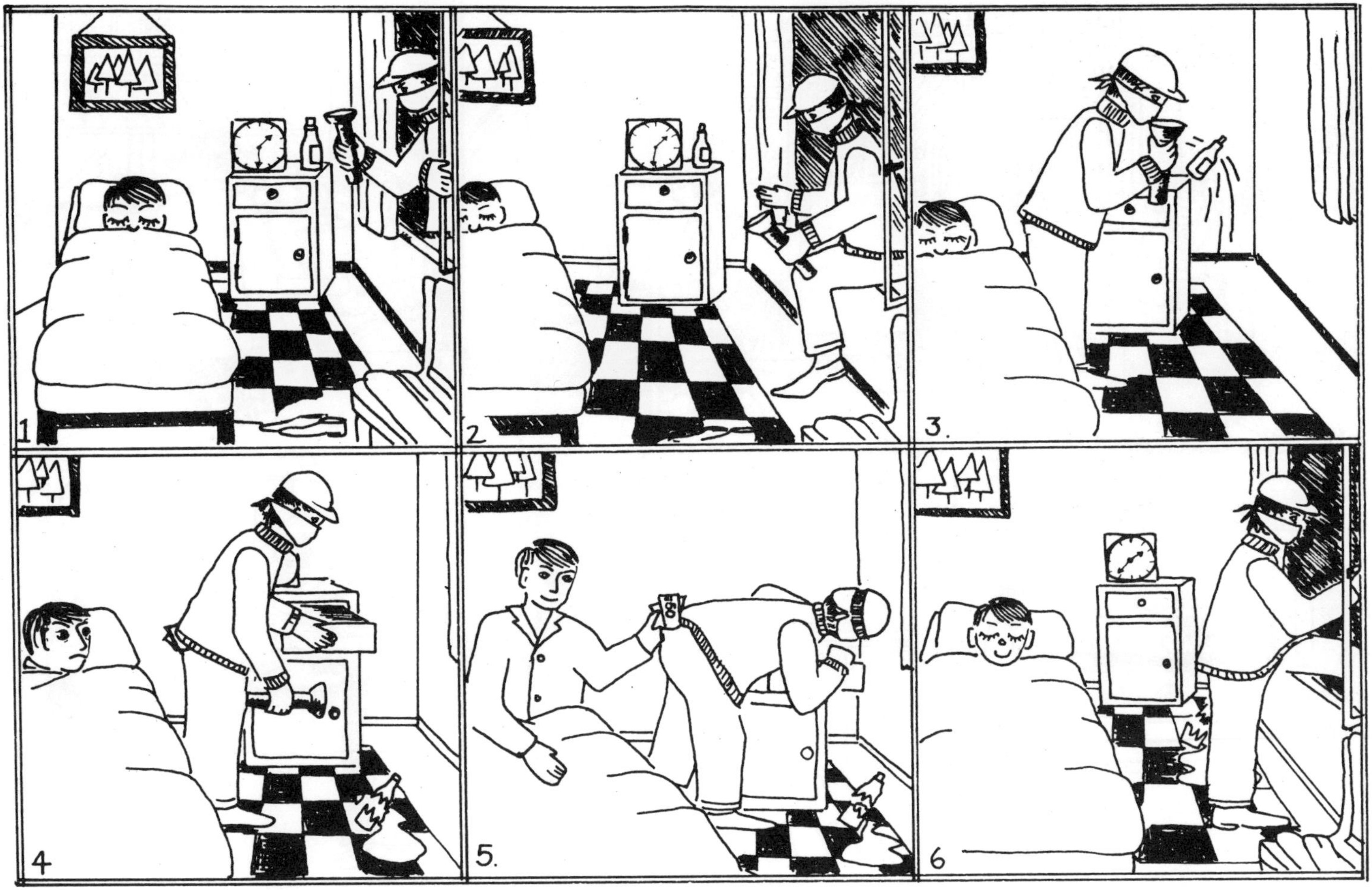

This picture © Metropolitan Regional Examinations Board

Picture 5

Frame 1: *Q1* Quelle heure est-il?
Q2 Qui entre par la fenêtre?

Frame 2: *Q3* Comment est-il habillé?
Q4 Qu'est-ce qu'il tient dans sa main?

Frame 3: *Q5* Qu'est-ce qui arrive?

Frame 4: *Q6* Quel est l'effet sur le jeune homme?
Q7 Pourquoi le voleur regarde-t-il par terre?

Frame 5: *Q8* Que fait le jeune homme?
Q9 Où se trouvait cet argent?
Q10 Est-ce que le voleur savait ce qui se passait?

Frame 6: *Q11* Que fait le voleur?
Q12 Quelle heure est-il?

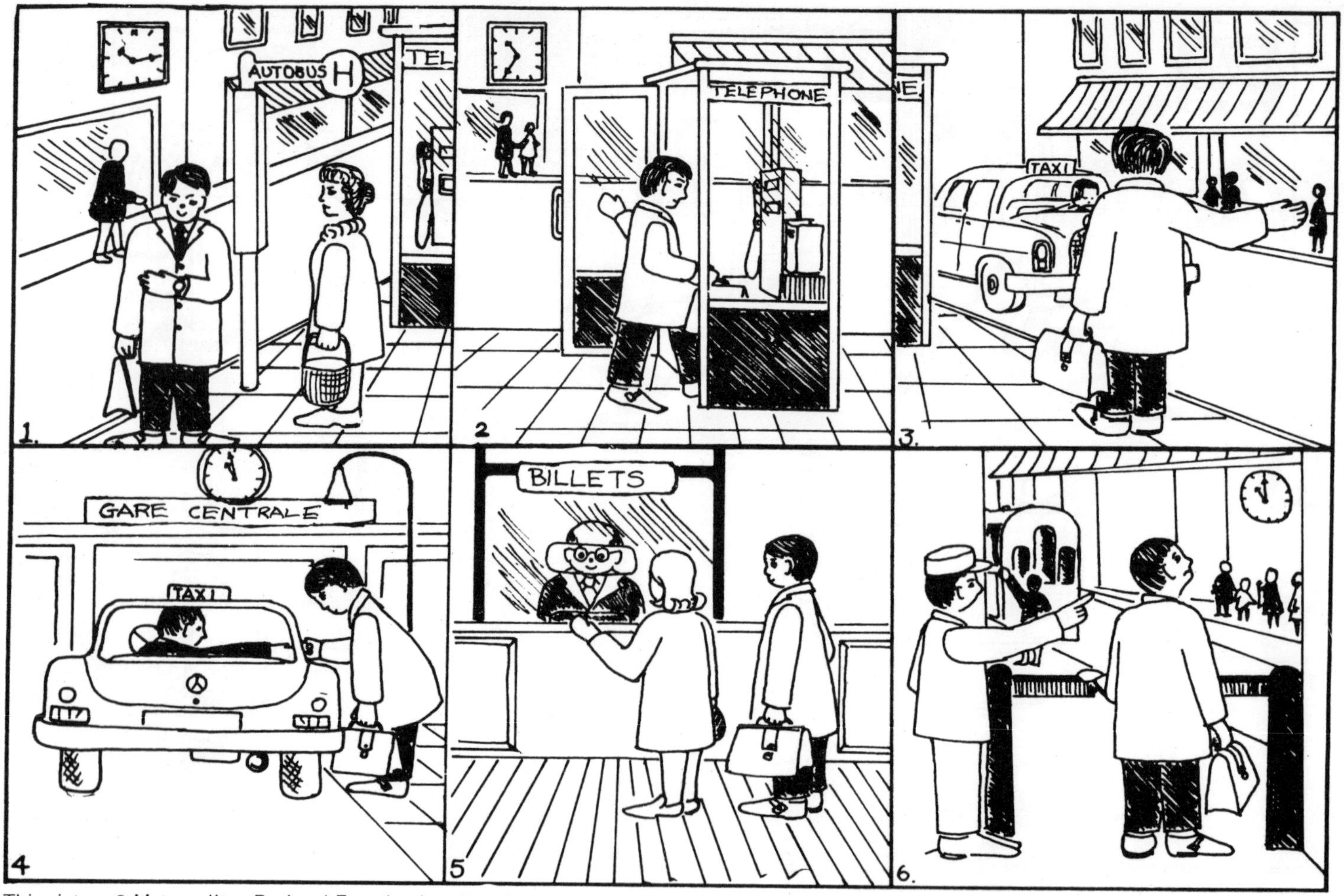

This picture © Metropolitan Regional Examinations Board

Picture 6

Frame 1: *Q1* Où sont ces deux personnes?
Q2 Que fait le jeune homme?
Q3 Quelle heure est-il?
Q4 Décrivez la femme.

Frame 2: *Q5* Le jeune homme prend une décision. Laquelle?
Q6 Combien de temps s'est écoulé depuis son arrivée à l'arrêt d'autobus?

Frame 3: *Q7* Pourquoi fait-il signe avec son bras droit?

Frame 4: *Q8* Où est-il arrivé?
Q9 Que fait-il?

Frame 5: *Q10* Derrière qui attend-il?
Q11 Pourquoi sont-ils tous les deux là?

Frame 6: *Q12* Que trouve le jeune homme en arrivant au quai?

Picture 7

Frame 1: *Q1* Combien de personnes voyez-vous? Décrivez-les.
Q2 Qu'est-ce qu'on vend dans ce magasin?

Frame 2: *Q3* Devant quel immeuble parlent ces dames?
Q4 Comment le garçon est-il habillé?

Frame 3: *Q5* Où se trouve le garçon maintenant?
Q6 Que voyez-vous à côté des dames?

Frame 4: *Q7* Pourquoi le chien suit-il la dame?
Q8 Est-ce qu'elle le sait? Comment le savez-vous?

Frame 5: *Q9* Où sont-ils arrivés?
Q10 Que tient le chien dans sa bouche? / gueule?

Frame 6: *Q11* Quels sont les objets sur la table?
Q12 Quelle est la réaction de la dame? Pourquoi?

This picture © Metropolitan Regional Examinations Board

Picture 8

Frame 1: *Q1* Que font les garçons?
Q2 Combien sont-ils?

Frame 2: *Q3* Pourquoi se trempent-ils dans l'eau?
Q4 Comment s'amusent-ils?

Frame 3: *Q5* Que font-ils maintenant?
Q6 Décrivez le maillot de bain du garçon qui a les mains derrière la tête.

Frame 4: *Q7* Que se passe-t-il?
Q8 Combien d'entre eux restent assis?

Frame 5: *Q9* Pourquoi pédalent-ils si vite?
Q10 Pourquoi transpirent-ils?

Frame 6: *Q11* Où sont-ils arrivés?
Q12 Qui les attend?

Picture 9

Frame 1: *Q1* Que fait le jeune homme?
Q2 Quelle heure est-il?

Frame 2: *Q3* Avec qui parle-t-il?
Q4 Quel geste fait-il?

Frame 3: *Q5* Comment se saluent-ils?
Q6 Comment est-elle habillée?

Frame 4: *Q7* Qu'est-ce qui est arrivé?
Q8 Est-ce que le moteur est devant ou derrière?

Frame 5: *Q9* Quelle est la conséquence de leur mésaventure?
Q10 Quel film voulaient-ils voir?

Frame 6: *Q11* Où se trouvent-ils?
Q12 Combien de temps s'est écoulé depuis le coup de téléphone?

Picture 10

Frame 1: *Q1* Décrivez la scène que vous voyez.
Q2 Qu'est-ce qu'il y a à côté du lit?

Frame 2: *Q3* Pourquoi la femme est-elle surprise?
Q4 Que fait l'homme?

Frame 3: *Q5* Pourquoi mange-t-il si vite?
Q6 Qu'est-ce qu'il mange?

Frame 4: *Q7* Pourquoi court-il derrière l'autobus?
Q8 Quel temps fait-il?

Frame 5: *Q9* Quel est cet immeuble?
Q10 Que voyez-vous en haut?

Frame 6: *Q11* Que font les élèves?
Q12 Quel est le métier du monsieur?

This picture © Southern Regional Examinations Board

Picture 11

For you to make up your own questions.

Automatic responses

Just as automatic responses can be learnt for general conversation (see pages 8 and 9), so the same method may be used for answering picture questions, e.g.

Question	*Response*
Voyez-vous . . . ?	Je vois . . . .
Y a-t-il . . . ?	Il y a . . . .
Que tient-il?	Il tient . . . .
Quand / Où se passe cette histoire?	Cette histoire se passe . . . .

3 The single picture ('O' Level)

Simple questions are put requiring straightforward, factual answers. Additionally, though, there is some tense manipulation and the ability to draw inferences is presumed. The student is usually allowed a little time, up to five minutes, to look at the picture before answering questions, but this is not always the case.

Picture 1 (Specimen 'O' Level test)

Q1 Quel temps fait-il? Comment le savez-vous?
A1 Il fait beau. Parce que la famille est en train de faire un pique-nique.
Q2 Comment sont-ils arrivés à cet endroit?
A2 Ils sont venus en voiture.
Q3 Pourquoi y a-t-il un homme sous la voiture?
A3 Le moteur a l'air de chauffer. Il cherche une explication.
Q4 Croyez-vous que la famille est sortie faire un pique-nique ou fait une pause au cours d'un long voyage?
A4 Ils font plutôt un voyage assez long car il y a des bagages sur la toiture de la voiture.
Q5 Qu'est-ce que la dame est en train de préparer?
A5 Elle prépare le café.
Q6 Quels objets y a-t-il sur la nappe?
A6 Il y a un sac ouvert, un gâteau; une bouilloire sur un petit fourneau à gaz, une cafetière, des tasses, des sous-tasses et des couteaux.
Q7 Combien de tasses voyez-vous?
A7 J'en vois quatre.
Q8 Comment, le petit garçon à droite, s'amuse-t-il?
A8 Il joue avec un ballon.
Q9 Comment savez-vous que le chien est heureux?
A9 Il saute et a la queue bien en brosse. (Candidates should note that it is not necessary to repeat the question in providing an acceptable answer, e.g. there is no need to reply *Je sais que le chien est heureux parce qu'il saute et a la queue bien en brosse.*)
Q10 Donnez-moi une description du deuxième homme.
A10 Il semble assez jeune. Penché sur le moteur il regarde le travail de son ami et lui passe une clef anglaise.

This picture © Metropolitan Regional Examinations Board

Picture 2

Q1 Dans quelle ville sommes-nous? A quoi le savez-vous? Donnez au moins deux raisons.

Q2 A quoi connaît-on la saison de l'année?

Q3 Les gens que vous voyez, travaillent-ils dans cette ville?

Q4 Un monsieur semble travailler. Que vend-il?

Q5 Faites une description de son acheteur.
son client.

Q6 Un autre homme entre dans un magasin. A votre avis que va-t-il acheter?

Q7 Vous voyez une cliente assise dans le Café Julien. Qu'a-t-elle bu?

Q8 Y a-t-il une autre personne qui a pris un café? Qui? Qui partage sa table?

Q9 Pourquoi la jeune fille au centre de l'image tire-t-elle le bras de sa maman?

Q10 Que vend le magasin situé à gauche de 'Radio Télévision'?

Picture 3

Q1 Quel magasin la dame à côté de l'automobile montre-t-elle?

Q2 Quelle est le marchandise 'en boum'?
Quelles sont les offres spéciales?

Q3 Qui regarde la vitrine? Décrivez les personnes.

Q4 Distinguez entre les deux sacs que porte la dame.

Q5 Qui passe sur le trottoir devant la voiture à droite de l'image? Faites une description de cette personne.

Q6 Qui ferme la portière de l'auto?

Q7 Selon la position de la voiture et de l'arrêt de l'autobus, sommes-nous en France? Pourquoi (pas)?

Q8 Comment est habillée la dame qui promène son chien? Devant quelle boutique se trouve-t-elle?

Q9 Qui est en tête de file à l'arrêt d'autobus? Que fait-il?

Q10 Où peut-on acheter
des flûtes?
des bottes?
des saucisses?
une jupe?

Picture 4

Q1 Dans quelle partie d'une gare se passe cette scène?

Q2 Que veut dire 'SNCF'? Quel est l'équivalent britannique?

Q3 Est-ce que la jeune fille va faire un voyage? Comment le savez-vous?

Q4 Que va-t-elle donc faire?

Q5 Quelle heure est-il?

Q6 Pensez-vous que c'est le matin ou le soir? Quelles sont vos raisons?

Q7 Que fait la dame au guichet?

Q8 Qui vient d'acheter son billet? Où sont ses bagages?

Q9 Suggérez un produit vendu en pharmacie qui peut être utile à un voyageur par chemin de fer.

Q10 Qui attend d'être servi au guichet après la dame? Est-il encombré de valises? Pourquoi (pas)?

This picture © East Anglian Examinations Board

Picture 5

Q1 Pourquoi pensez-vous que ces trois garçons sont allés en promenade?

Q2 Est-ce qu'ils ont chaud? Donnez, au moins, deux raisons.

Q3 Qu'est-ce qui est arrivé au troisième cycliste?

Q4 Ses deux copains s'en rendent-ils compte? Pourquoi en êtes-vous sûr?

Q5 Décrivez les objets qui sont tombés sur la route.

Q6 Suggérez une explication de l'accident.

Q7 Est-ce qu'il y a un village près de la route? A quoi le savez-vous?

Q8 Qui travaille dans les champs? Que fait-il?

Picture 6

Q1 D'après leurs vêtements, s'agit-il d'une classe dans une école primaire ou secondaire?

Q2 Est-ce que toute la classe est attentive? Que se passe-t-il?

Q3 Où devrait-on mettre la boulette de papier lancée par l'élève inattentif à gauche?

Q4 Pourquoi l'élève assise à droite rit-elle?

Q5 Un garçon est debout. Pourquoi?

Q6 Quelle est la matière enseignée par le maître?

Q7 Quel pays la classe étudie-t-elle?

Q8 Y a-t-il davantage de filles ou de garçons dans cette classe? Donnez les chiffres.

Q9 Est-ce-que l'heure de la récréation est loin? Pourquoi (pas)?

Q10 Décrivez le maître.

Picture 7

Q1 Diriez-vous que c'est le matin ou le soir? Pourquoi?

Q2 Quel va être le premier plat du repas?

Q3 Que voyez-vous sur la nappe?

Q4 Qui met le couvert?

Q5 Quels fruits voyez-vous? Où sont-ils?

Q6 Qui est assis dans le fauteuil? Que fait-il?

Q7 Est-ce que le chat a faim? Pourquoi (pas)?

Q8 Pourquoi les deux garçons ont-ils l'air si heureux? / réjoui?

Q9 A qui sont destinés leurs cadeaux? Les cigares? Le chocolat?

Q10 Suggérez comment les garçons ont pu se procurer l'argent pour acheter les cadeaux.

Picture 8

Q1 Cette scène se passe-t-elle en Angleterre ou en France? Comment le savez-vous?

Q2 A quoi voyez-vous que c'est l'été?

Q3 Est-ce le matin ou le soir? Pourquoi en êtes-vous sûr?

Q4 Que fait la maîtresse de maison? Pourquoi porte-t-elle un tablier?

Q5 A quoi le père passe-t-il
Comment le père occupe-t-il son temps?

Q6 Pourquoi le chien se tient-il sur ses pattes de derrière?

Q7 Comment savez-vous que l'enfant assis aime les bêtes?

Q8 Comment son frère s'amuse-t-il?

Picture 9

Q1 Le magasin ferme à une heure. Combien de temps reste-t-il donc jusqu'à la fermeture?

Q2 Malgré sa glace le bébé pleure. Pourquoi?

Q3 Qu'est-ce que sa maman est en train d'acheter?

Q4 Qu'a-t-elle déjà acheté?

Q5 Que désire sa petite fille?

Q6 Qu'est-ce qu'elle tient sous son bras?

Q7 Faites une description de la dame qui regarde les fruits.

Q8 Que fait l'employé avec les cartons?

Q9 Comment est habillé le boucher? Quelle volaille vend-il?

Q10 Pourquoi dans un supermarché faut-il se servir / qu'on se serve d'un chariot ou d'un panier?

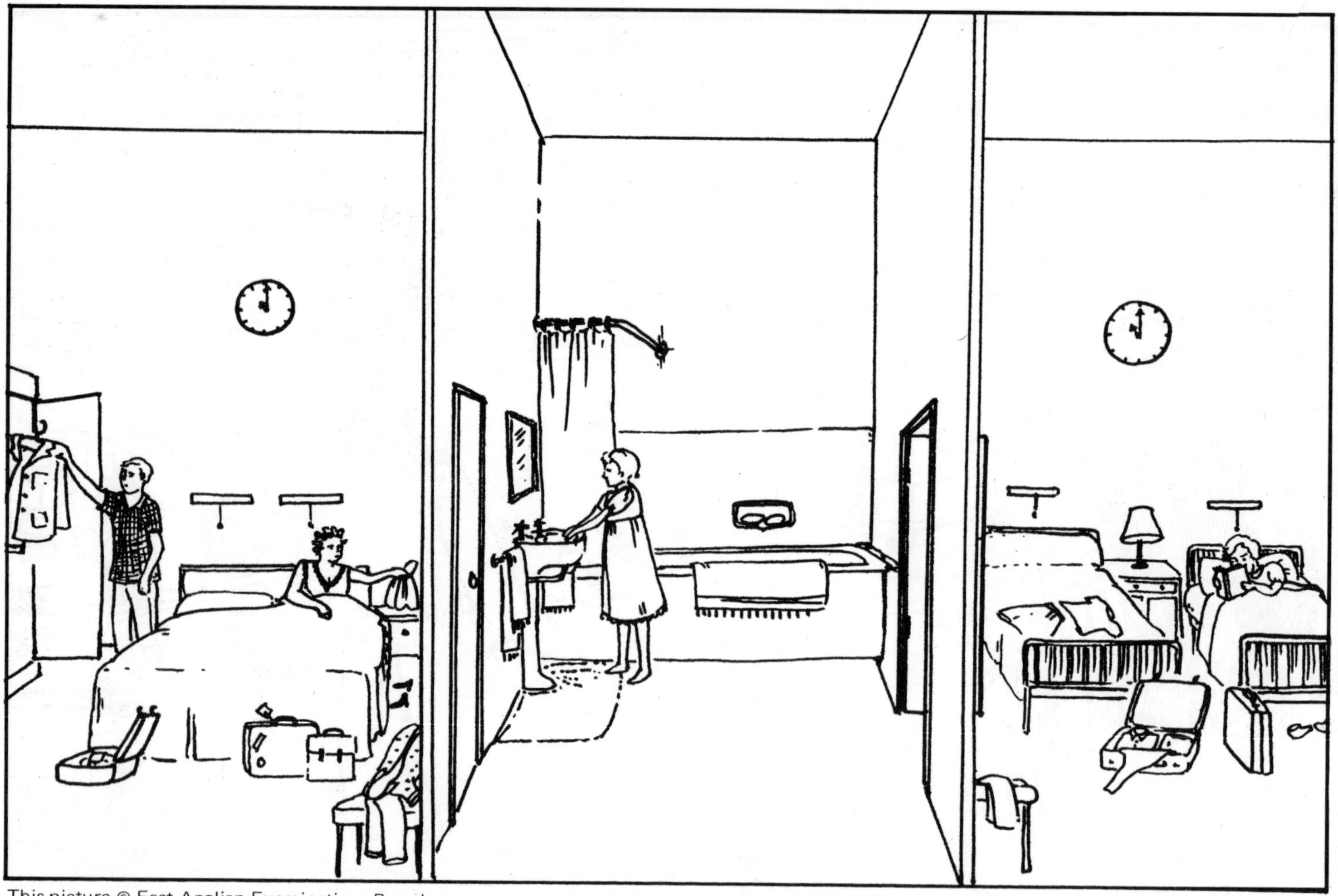

This picture © East Anglian Examinations Board

Picture 10

Q1 Est-ce onze heures ou vingt-trois heures? Comment le savez-vous?

Q2 Que fait la dame couchée à gauche de l'image?

Q3 Est-ce une personne ordonnée? Pourquoi (pas)?

Q4 Dans la salle de bains il y a trois façons de se laver. Quelles sont-elles?

Q5 A quoi sert le rideau?

Q6 Combien de serviettes voyez-vous? Où sont-elles?

Q7 Dans la chambre à droite que fait la personne couchée?

Q8 Comment savez-vous qu'elle n'est pas seule? Donnez, au moins, une raison.

Q9 La première et la troisième partie de l'image montrent deux chambres à coucher. Elles ne sont pas meublées de la même façon. Distinguez au moins deux différences.

4 The series of pictures – narrative ('O' Level)

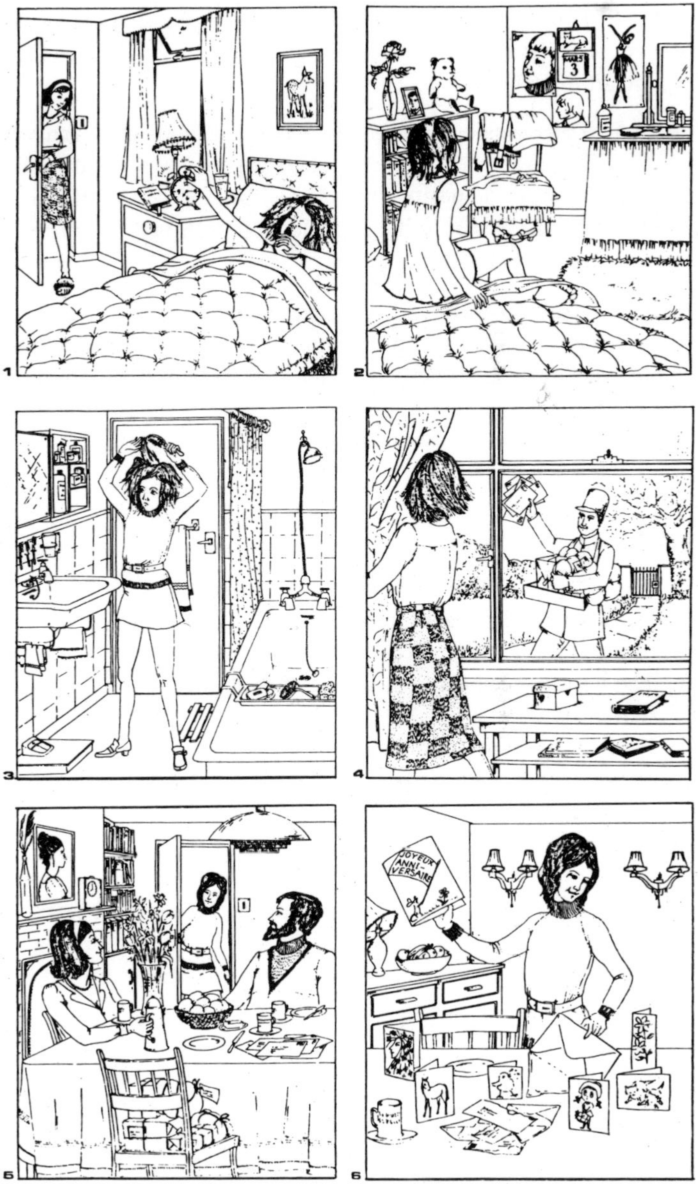

This picture © East Anglian Examinations Board

The aim of this exercise is to test a student's ability to relate in the past tense the events depicted in a series of pictures. The story-line is usually simple and obvious with a strong moral content.

The examiner intervenes only to clarify a statement or to seek further information. He may ask a question or two when the candidate has completed his narrative to make sure that the story has been fully understood.

The candidate is allowed to see the picture and prepare his story, but note-taking is not permitted. Usually from five to ten minutes are available for this preparation. Generally the narrative must be related in the third person.

Picture series 1 (Specimen 'O' Level test)

Examiner: Et maintenant, Mademoiselle, voulez-vous me raconter l'histoire que vous avez preparée?

Candidate: Oui, Monsieur. C'est l'histoire d'une jeune fille, que je vais appeler Colette. Colette s'est reveillée un matin à sept heures et quart.

Frame 1: Son sommeil est interrompu par le bruit du réveil que Colette a arrêté en mettant la main dessus. Sa mère ouvrait la porte de sa chambre.

Frame 2: Colette, assise sur son lit, regardait autour d'elle. Ses yeux restaient sur son petit ours bien chéri et sur les photos de ses chanteurs favoris. Le calendrier indiquait la date – le trois mars. Quelle journée merveilleuse!

Frame 3: Dans la salle de bains, Colette faisait sa toilette et regardait à peine les différents objets autour d'elle dans la baignoire et dans la petite armoire. A ses pieds comme d'habitude se trouvait le pèse-personne.

Frame 4: Pendant que Colette était ainsi occupée, sa mère voyait arriver le facteur avec beaucoup de lettres et de colis. Il les lui montrait de dehors.

Frame 5: Dans la salle à manger ses parents attendaient l'arrivée de leur fille, avant de commencer leur petit déjeuner composé de café au lait et de petits pains. Sur le fauteuil de Colette sa mère avait placé les colis livrés par le facteur. Son courrier abondant l'attendait sur la table.

Frame 6: Après avoir ouvert ses lettres Colette plaçait les différentes cartes de voeux sur la nappe. Elle en montrait une bien belle avec les mots 'Joyeux Anniversaire' à ses parents. 'Joyeux Anniversaire, Colette'!

Notes

1 This narrative is to be spoken, *not* written.
2 It must be in the past tense (imperfect/perfect as appropriate).
3 The narrative is best kept simple with short uncomplicated sentences.
4 Note useful constructions like:
en mettant la main dessus – Frame 1
avant de – Frame 5
après avoir – Frame 6
5 Fifteen minutes are usually allowed to prepare for this and the role-play – see chapter 5. Spend the time (about seven and a half minutes) in analysing the story and memorising key words for the narrative. e.g.:

Frame 1: Jeune fille (Colette) – sept heures et quart – main sur réveil – mère à la porte.

Frame 2: Assise sur lit – objets sur les murs – calendrier – date.

Frame 3: Toilette – salle de bains – objets.

Frame 4: Arrivée du facteur – lettres – enveloppes.

Frame 5: Salle à manger – ses parents – petit déjeuner – colis et lettres.

Frame 6: Colette montre ses cartes de voeux.

6 It is not possible to include everything but only what seems important. If the examiner so desires he can follow up the narrative by asking supplementary questions. Thus he might ask:

Q1 Est-ce que Colette semblait fatiguée quand elle s'est reveillée?
A1 Oui, Monsieur.
Q2 Comment le savez-vous?
A2 Parce qu'elle bâillait et mettait la main devant sa bouche.
Q3 Où se trouvait la photo d'un chat dans la chambre de la jeune fille?
A3 Elle se trouvait sur le mur au-dessus du calendrier.
Q4 Que fait Colette avec ses cheveux?
A4 Elle les brosse.
Q5 Comment sa mère était-elle habillée?
A5 Elle portait une blouse blanche et une jupe à carreaux blancs et noirs.
Q6 Et son père, se rasait-il?
A6 Non, Monsieur.
Q7 Pourquoi pas?
A7 Parce qu'il a une barbe.

7 Since this is a spoken narrative inviting questions, the imperfect tense is particularly useful.

This picture © East Anglian Examinations Board

Picture series 2

Relate the story depicted in the past tense and using the third person.

Some ideas for guidance

Frame 1: Saison de l'année – le temps – qui était dans la voiture – les bêtes – poule, canard – leurs réactions – pourquoi la voiture était là – le troisième homme.

Frame 2: Camping interdit – actions des deux jeunes hommes.

Frame 3: Qui érigeait la tente – ce que faisait l'autre jeune homme.

Frame 4: Quel genre de repas ils ont préparé – soleil.

Frame 5: Quelle heure il était – ce que faisaient les vaches.

Frame 6: Détails de la catastrophe – attitude de l'agriculteur – du fermier.

Supplementary questions that might be asked by the examiner to make sure you have understood the passage:

Q1 Quand les deux jeunes sont arrivés dans le champ, où étaient leurs bagages?

Q2 Quelle était leur grande erreur?Comment se sont-ils trompés?

Q3 Pourquoi ont-ils éteint le feu? (Voir cinquième image.)

This picture © East Anglian Examinations Board

Picture series 3

Relate the story depicted in the past tense and using the third person.

Some ideas for guidance

Frame 1: Personnages – où – faire des commissions.

Frame 2: Où se passait cette scène.

Frame 3: Supermarché – rayon d'alimentation.

Frame 4: Caisse – voleur avec les billets – 'au secours'.

Frame 5: Pourquoi le voleur est tombé – qui en était responsable – comment.

Frame 6: Récompense.

Supplementary questions

Q1 Que vendait Monsieur Schiller?

Q2 Qui tenait le voleur quand il a été appréhendé?

Q3 Faites une description du propriétaire du supermarché.

Picture series 4

Relate the story depicted in the past tense and using the third person. Try the exercise unaided.

Supplementary questions

Q1 Quelle était, probablement, la profession du père de famille? A quoi le voyez-vous?

Q2 Pourquoi faut-il être prudent quand la chaussée est glissante?

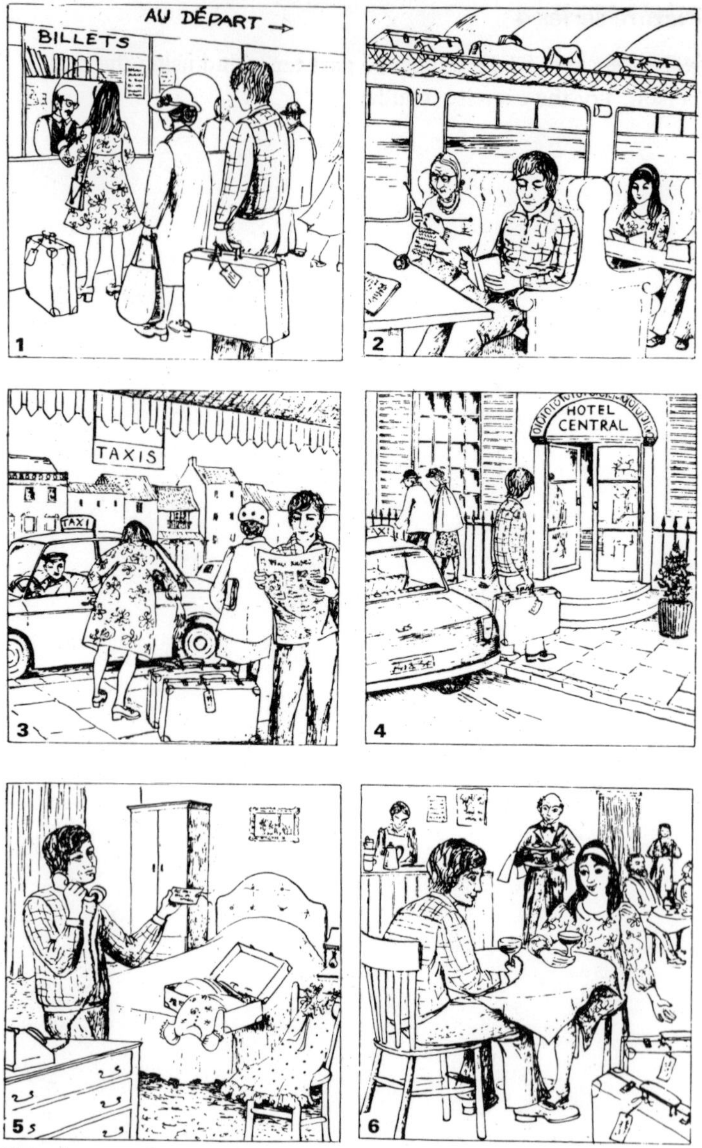

This picture © East Anglian Examinations Board

Picture series 5

Relate the story depicted in the past tense and using the third person.

Supplementary questions

Q1 On s'est trompé de valise. Où et comment?
Q2 Les conséquences, étaient-elles heureuses? Pourquoi?
Q3 Qui a pris l'initiative de rectifier les choses? Comment?

Picture series 6

Relate the story depicted in the past tense and using the third person.

Supplementary questions

Q1 Après la classe comment les deux amis ont-ils passé leur temps?

Q2 Devant la porte fermée à clef que décident-ils de faire?

Picture series 7

Relate the story depicted in the past tense and using the third person.

Supplementary questions

Q1 Comment les jeunes gens sont-ils arrivés à la piscine?
Q2 Comment les deux adultes se sont-ils abrités de la pluie?

5 Role-play and survival situations (C S E, C E E and 'O' Level)

CSE AND CEE

Examination boards differ in their practice but, usually, candidates are allowed from five to ten minutes to look at their role-play card and prepare. The card can be kept and looked at during the conversation. It is unlikely that any helpful vocabulary will be provided.

The object of the test is to place the student in a situation where he has to rely on his command of spoken French to 'survive', just like any British tourist or traveller in France. It is the candidate who takes the initiative and 'makes the running'. The examiner provides answers to the questions asked and, at CSE and CEE level, rarely intervenes to cause the student to modify his replies or change direction. The conversation is short, simple and direct: e.g.

> **Role-play card 1**
>
> You are at a French airport. The examiner is an official. Ask him:
>
> (a) When the plane from Bordeaux arrives?
>
> (b) Is there a place you can wait and buy a cup of coffee?
>
> (c) If English newspapers are sold there?

Model dialogue

Candidate: Monsieur, s'il vous plaît?
Examiner: Mademoiselle?
Candidate: Est-ce que vous savez à quelle heure arrive l'avion de Bordeaux?
Examiner: Mais certainement, Mademoiselle, il arrivera à trois heures et demie.
Candidate: Est-ce qu'il y a un endroit où je peux attendre et en même temps prendre une tasse de café?
Examiner: Mais oui, Mademoiselle, le buffet est à côté de la salle d'attente, par là, juste derrière vous.
Candidate: Est-ce qu'on vend des journaux anglais?
Examiner: Oui, Mademoiselle, mais pas encore; les journaux anglais vont arriver avec l'avion de Bordeaux.
Candidate: Merci, beaucoup, Monsieur.
Examiner: De rien, Mademoiselle.

> **Role-play card 2**
>
> You are passing through the French customs. The examiner is a customs official.
>
> The French official having asked whether you have anything to declare, you reply:
>
> (a) that you have nothing to declare.
>
> In reply to a further question from him, you agree:
>
> (b) that he may look at your luggage.
>
> (c) You tell him that you have a few presents for your family but no cigarettes or wine.

Model dialogue

Examiner: Bonjour, Monsieur, avez-vous quelque chose à déclarer?
Candidate: Bonjour, Monsieur, je n'ai rien à déclarer.
Examiner: Est-ce que je peux tout de même voir vos bagages?
Candidate: Bien sûr, Monsieur.
Examiner: Qu'est-ce qu'il y a dans ce gros paquet?
Candidate: Ce sont des cadeaux pour ma femme et mes enfants.
Examiner: De quelle valeur?
Candidate: Cinq cent francs environ.
Examiner: Très bien. Avez-vous des cigarettes ou du vin?
Candidate: Non, Monsieur, je n'en ai pas.
Examiner: Bien, fermez votre valise et passez.
Candidate: Merci, Monsieur. Au revoir, Monsieur.
Examiner: Au revoir, Monsieur.

Role-play card 3

You are at the railway station. The examiner is the booking office clerk.
(a) Ask for a ticket to Lille.
In reply to the clerk's question you:
(b) say you want a second class single, and ask the price.
(c) offer a hundred franc note and count the change.
(d) ask the platform number of the train and whether it is a through train.

Model dialogue

Candidate: Bonjour, Monsieur, je voudrais un billet pour Lille, s'il vous plaît.

Examiner: Volontiers, Monsieur, mais voulez-vous un aller-simple ou un aller-retour?

Candidate: Un aller-simple, s'il vous plaît, en deuxième. Ça fait combien?

Examiner: Ça fera soixante-neuf francs quarante.

Candidate: Voici un billet de cent francs.

Examiner: Et je vous rends votre monnaie avec le billet.

Candidate: Alors, soixante-neuf francs quarante sur cent, ça fait trente francs soixante, c'est juste. Merci, Monsieur. Il part de quel quai, le train de Lille?

Examiner: Quai numéro trois, Monsieur.

Candidate: Faut-il changer de train, Monsieur?

Examiner: Non, Monsieur, pas du tout. Le train est direct et toutes les voitures vont à Lille.

Candidate: Merci, Monsieur.

Examiner: De rien, Monsieur. Bon voyage, Monsieur.

Role-play card 4

This card is different because instead of describing a *face to face* situation, it requires the candidate to survive *on the telephone.*

The telephone rings in your pen friend's parents' flat in Toulouse. You answer it and the examiner plays the voice at the other end of the line.
(a) Give your name and confirm your number, 84–59–61 when requested.
(b) Say you regret that your friend and mother are both out.
(c) Take down the message and make a note of the number, 48–03–10. Your friend's mother is to call back.

Model dialogue

Examiner: Allô – Allô – qui est à l'appareil? C'est Madame Dorgan? C'est le 84–59–61 à Toulouse?

Candidate: Allô – Monsieur, c'est bien le quatre-vingt-quatre, cinquante-neuf, soixante et un à Toulouse, mais Madame Dorgan est sortie. C'est Mademoiselle Green, une amie anglaise de sa fille à l'appareil. Puis-je vous aider, Monsieur?

Examiner: Elles sont toutes les deux sorties? Madame Dorgan et sa fille?

Candidate: Oui, Monsieur, elles sont toutes les deux sorties.

Examiner: Bon, tant pis. Voulez vous leur dire, Mademoiselle, que Monsieur Lagarde d'Agen à téléphoné et voulait leur parler de leur maison à la campagne?

Candidate: Mais certainement, Monsieur. Je dirai à Madame Dorgan que Monsieur Lagarde a appelé concernant la maison de campagne.

Examiner: Voulez-vous lui demander de me rappeler à Agen – au 48–03–10?

Candidate: Le quarante-huit, zéro trois, dix à Agen?

Examiner: Je vous remercie, Mademoiselle. Au revoir, Mademoiselle.

Candidate: De rien. Au revoir, Monsieur.

These four model dialogues provide some clues to successful role-play:

1 No acting ability is needed.
2 Formalities count much more in French than in English, the dialogue beginning with *Bonjour, Monsieur/Madame/Mademoiselle* as appropriate, and ending with *Au revoir* and/or *Merci, Monsieur/Madame/Mademoiselle*.
3 Expressions like:

de rien – it's nothing (at all)
merci beaucoup – thanks very much
certainement
mais certainement – by all means
volontiers – gladly
allez-y Monsieur – go ahead
il n'y a pas de quoi, Madame – not at all, Madam
bien sûr – of course
d'accord – I agree
– O.K.

are very useful conversational props.
4 Abbreviations are in order, e.g.: *Ça fait combien?* for *Cela fait combien?* in the role-play situation on Card 3.
5 Awareness of numbers and money, to count change, is very important.
6 A little imagination helps to make the dialogue realistic.
7 It rarely suffices to content oneself with a bare translation of the sentences written in English on the role-play card.
8 It is a good idea to learn one or two conversational forms not usually associated with CSE and CEE, e.g.
Je voudrais un billet pour Lille. (*I should like* a ticket for Lille)
Voudriez-vous danser? (*Would you like* to dance?)
9 Omissions of words or phrases are acceptable provided they are grammatically and idiomatically correct, e.g. the candidate in the role-play situation on Card 3 asks for a *deuxième* and *deuxième classe* is clearly understood. The ticket clerk could just have easily asked *Aller-simple ou aller-retour?*, the verb being understood.

The following is an alphabetical list of situations that lend themselves to role-play:

Accidents – procedure, reporting
Airport – arrivals, departures
Bank – changing money, travellers' cheques
Beach – weather, bathing, other people
Birthday – presents, party, arrangements
Café – ordering drinks, tips, change
Camping – site, hygiene, weather
Chemist – medicine, sunburn, upset tummy
Cinema – choosing films, seats, tip
Feeling ill – doctor, symptoms, treatment
Garage – repairs, petrol, servicing
Hotels – hiking, motorist, destination
Hotel booking – choosing room, defective plumbing
Lost in a strange town – how to find one's way
Lost property
Market – stalls, purchases
Meeting people – introductions, goodbyes
Post office – letters, poste restante, telegrams
Railway station – booking tickets, single/return, buffet
Restaurant – ordering a meal, menu, à la carte
Sécurité Sociale – reimbursement of medical fees
Shopping
Syndicat d'Initiative – what it does, how to find it
Telephone – how to make call, town/country

The following role-play cards are suitable for CSE and CEE candidates; some of the later ones increase in difficulty.

Role-play card 5

You enter a restaurant where the examiner is a waiter.
(a) Ask to see the menu.
(b) Order soup and a small steak and chips.
(c) Ask if there is a local cheese and choose from what you are offered.
(d) Ask for the bill.

Role-play card 6

You are at a hotel reception desk. The examiner is the receptionist.
(a) Ask for a single room with a shower.
(b) Ask which floor the room is on and if it is quiet.
(c) Find out if the hotel has a restaurant and, if so, when dinner is served.
(d) Say you will be staying for two days and get an idea of what this will cost you.

Role-play card 7

You are in the post office and the examiner is an employee behind the counter.
(a) Ask how much it costs to send a postcard to England.
(b) Buy six stamps of appropriate value.
(c) Ask where there is a phone box.
(d) Tender a fifty franc note and check the change.

Role-play card 8

You see a summer dress in yellow and white in a shop window. It is priced at eighty-nine francs. Go into the shop where the examiner is an assistant.
(a) Ask to see the dress in the window. Describe it.
(b) Ask to try it on.
(c) You find it is too large and ask if there is one smaller.
(d) You are offered one in black and red which fits, but you don't like it.
(e) Extricate yourself politely from the shop.

Role-play card 9

You are shopping in the market. The examiner is a stallholder selling fruit and vegetables.
(a) Buy two kilos of potatoes and one and a half kilos of onions.
(b) Ask the price of the melons and whether you can touch them.
(c) Choose one that seems ripe and ask the price.
(d) Say that you want nothing more and offer a ten franc note and a five franc piece.
(e) Count the change.

Role-play card 10

You arrive in Dieppe late in the evening from the cross-channel ferry. You have made no hotel booking and want to stay overnight before carrying on to Paris. You go into the phone box and look up the number of the Syndicat d'Initiative which is luckily still open. The number is 84–11–77. The examiner is the voice at the other end of the line.

(a) Dial the number saying the digits over to yourself as you do so.

(b) When you get a reply, ask if it is the Syndicat d'Initiative.

(c) Ask if the employee can recommend a small quiet hotel or pension for the night.

(d) Say you are in the phone box outside the Gare Maritime.

(e) Repeat in French the directions he gives you to the *Pension des Lilas* – first left, second right, straight across the traffic lights and fifty metres on left, next to the shop *Prénatal.*

(f) Thank him.

Role-play card 11

You arrive at a camp-site in Normandy. The examiner is the person in charge.

(a) Ask if there are any free places.

(b) Say there are two of you with a tent and a small car.

(c) Ask if there is any fishing in the neighbourhood.

(d) Find out the cost per day.

Role-play card 12

You are at a filling station. The examiner is the pump attendant.

(a) Ask for the tank to be filled.

(b) Say you want 'super' grade petrol.

(c) Ask for a battery and oil check.

(d) Thank him for offering to check the tyre pressure, but say it's too hot for it to be accurate.

(e) Offer a fifty franc note and count the change. You owe twenty-seven francs thirty.

Role-play card 13

You are not well and have gone to see the doctor – a role played by the examiner.

(a) Say you feel tired and have diarrhoea.

(b) Tell him what you ate last night.

(c) Confirm that you were on the beach sunbathing all day yesterday.

(d) Pay him fifty-two francs, thank him for his prescription* and count the change from a 100 franc note.

* *une ordonnance*

Role-play card 14

You are at the chemist's with the doctor's prescription. The examiner is an assistant.

(a) Give the assistant the prescription.

(b) Say you will come back to collect it in an hour.

(c) Ask the way to the office of the Sécurité Sociale and repeat the directions given you – under the railway bridge, first right, second left and on the corner next to a park.

(d) Pay her seventeen francs with two ten-franc notes and check the change.

(e) Thank her for the *feuille de soins* she gives you for the Sécurité Sociale.

Role-play card 15

You are in the local office of the Sécurité Sociale. The examiner is an employee.
(a) Show him the *feuille de soins* and the bills of the doctor and chemist.
(b) Give him your Form E111 (Formule E111) which you get at home before leaving for France.
(c) When he asks for identification, show him your passport.
(d) Say it was issued in London on 18 March 1977.
(e) Count the money he gives you. It is seventy-five per cent of what you have had to spend. Check it.
(f) Thank him and leave.

Below is part of a *feuille de soins* – used for doctors' prescriptions and by chemists to issue any medicine or drugs. The form is used by French citizens and EEC visitors.

CERFA N° 60.3427

FEUILLE DE SOINS
(assurance maladie)

DURÉE D'UTILISATION 15 JOURS

RENSEIGNEMENTS CONCERNANT L'ASSURÉ

NUMÉRO D'IMMATRICULATION ______ Né(e) le ______

NOM (en capitales d'imprimerie) ______
(Pour les femmes mariées ou veuves, indiquer le nom de jeune fille suivi de épouse X . veuve X)

Prénoms ______

Adresse : N° ______ rue ______

Localité ______

Code postal ______ Bureau distributeur ______

QUELLE EST VOTRE SITUATION A LA DATE DES SOINS ? (1)

☐ SALARIÉ : (2) Nom et adresse de votre employeur ______

☐ DEMANDEUR D'EMPLOI — Date de la fin du préavis de licenciement ______ Date d'inscription à l'agence nationale pour l'emploi ______

☐ NON SALARIÉ : Précisez votre activité professionnelle ______

☐ AUTRE CAS : ______

☐ RETRAITÉ, PENSIONNÉ OU RENTIER : Précisez si vous êtes titulaire de plusieurs retraites, pensions ou rentes (1) OUI ☐ NON ☐

COMMENT VOULEZ-VOUS ÊTRE REMBOURSÉ ?

No *feuille de soins* can be reimbursed in the case of visiting British subjects without Form E111, obtained from local offices of the Department of Health and Social Security before leaving for France.

'O' LEVEL

Whatever has been written so far about role-play for CSE and CEE is valid also for 'O' Level candidates – only more so! 'O' Level candidates should work through all the CSE and CEE role-play situations before turning to those that follow.

The main differences from CSE and CEE are:

1 Mere translation of the English instructions on the role-play card is insufficient.
2 The candidate has to make a choice or choices.
3 He has to react to information provided by the examiner and modify what he might have said in the light of changed circumstances.
4 More than ever the candidate has to take the initiative and use his imagination.
5 Look carefully at the framework of likely situations on page 41.

Role-play card 16

You are in a bank in Nancy. The examiner is a bank teller.
(a) Ask whether the money your parents have sent you has arrived.
(b) Explain that your parents' bank has notified you that the money was sent several days ago.
(c) Regret that you have no documents on you to prove your identity.
(d) Ask what is the bank's closing time.

The examiner could develop the dialogue in the light of the candidate's comments along the following lines*

1 *A* Je ne sais pas, voulez-vous que je regarde le courrier d'aujourd'hui.*
B Je regrette, Monsieur, je viens de trier le courrier et il n'y avait rien pour vous.
C Donnez-moi votre nom et je verrai tout de même s'il y a quelque chose pour vous.

* Not all the *A* suggestions follow on from one another, nor all the *B*s and *C*s. At each stage a candidate would choose from the three possibilities in the light of what had already happened.

2 *A* Voilà, je l'ai trouvé. Voulez-vous me montrer votre carte d'identité?
B Si c'est réellement urgent je peux tâcher de téléphoner à la direction, mais avez-vous une carte d'identité?
C La banque de vos parents s'est trompée peut-être mais pour en être sûr il me faut une carte d'identité.

3 *A* Quelle est la somme deposée par vos parents? Je suis d'accord pour le chiffre mais j'ai toujours besoin d'une carte d'identité pour vous payer.
B Je suis navré mais sans carte je ne peux rien.
C Vous me faites perdre du temps. Il y a toute une file de gens que attend derrière vous.

4 *A* On n'a pas d'heure de fermeture fixe en ce moment.
B On devait fermer il y a cinq minutes.
C A midi, mais la veille de fêtes, à onze heures et demie. Puisque demain est le quinze août vous pouvez deviner. . . .

Role-play card 17

You have entered a hairdresser's shop. The examiner is the receptionist.
(a) Ask the price of a trim and a shampoo and set.
(b) Say you would like to make an appointment.
(c) Ask how long it would take to have your hair cut and shampooed.
(d) Suggest times for appointment.

Possible development:

1 *A* Ça depend; la coupe aux ciseaux est dix-huit francs, au rasoir vingt-cinq francs, tandis que le shampooing est treize francs.
B Il y a un prix spécial aujourd'hui pour la coupe et le shampooing – trente-cinq francs. En plus il y a dix pour cent de réduction sur shampooing – mise en plis.
C Quel jour voulez-vous venir? Les prix varient selon le jour.
D Lequel de nos coiffeurs désirez-vous? Le tarif varie selon le coiffeur.

2 *A* Cette semaine nous sommes très occupés. Il n'y a qu'un seul coiffeur de libre – le plus cher.
B Nous avons peu de chance de vous recevoir cette semaine. C'est à cause des fêtes. Demain c'est le quatorze juillet.
C Venez à tout hasard. Il y aura probablement quelque défection à la dernière minute.
D Si vous venez jeudi matin avant dix heures il y a un apprenti-coiffeur qui est moins cher. Pourtant jeudi prochain il est occupé.

3 *A* Voulez-vous les cheveux courts ou mi-longs? Alors il faudra compter une heure/une heure et demie/deux heures.
B Vous savez, il y a des coiffeurs plus rapides que d'autres. Les nôtres sont consciencieux et prennent deux heures et demie/trois heures.
C Quelquefois il faut deux coiffeurs et si l'un d'eux est appelé pour faire une manucure, ça prend beaucoup de temps.

4 Jeudi. Tout est pris.
Vendredi. Il reste peu d'espoir.
Samedi. A quelle heure voulez-vous venir?
Dimanche matin. Deux coiffeurs disponibles.
Lundi. Fermeture hebdomadaire.
Mardi. Quand vous voulez.
Mercredi. Rien l'après-midi.

Role-play card 18

You have been shopping in the Supermarché 'Casino' at Nice. You are at the exit point and the examiner is the cashier.
(a) Just as you are about to pay, you cannot find your wallet/purse but feel sure you had it when you went in to the supermarket.
(b) Ask if there is a lost property office in the supermarket and if it is likely to have been taken there.
(c) Describe your wallet/purse and its contents.
(d) Explain that you have no money and have left your passport at the camp-site at Antibes where you are staying.

Possible development:

1 *A* Je suis navré pour vous mais êtes-vous sûr que c'est ici que vous l'avez perdu?
B Quand croyez-vous l'avoir perdu? Que faisiez-vous?
C Vous savez, les gens sont tellement malhonnêtes aujourd'hui qu'il y a peu de chance que vous le retrouviez.
D Ne vous en faites pas. Quelqu'un l'aura trouvé.

2 *A* Le bureau vient de fermer et n'ouvrira pas avant lundi matin à neuf heures.
B Il n'y en a pas, tous les objets trouvés sont gardés dans les bureaux de la direction.
C Si vous voulez je téléphonerai au patron. Il saura. Moi je suis nouvelle ici.

3 *A* Combien de billets aviez-vous? Quelles coupures?
B Et la monnaie?
C Quel bureau émettait vos travellers-chèques?
D Vous dites qu'il y avait une clef. / une photo. / un trousseau de clefs. / des lettres.
Pouvez-vous me fournir une description.
E Encore une fois, comment était le portefeuille? / le porte-monnaie?
En quoi?
De quelle couleur? / taille?

4 *A* J'ai enregistré la somme à la caisse. C'est fait. Qui va me payer?
B La direction décline toute responsibilité. Qu'est-ce que vous voulez qu'elle fasse?
C Ce n'est pas la peine d'insister, si ce n'est pas là, ce n'est pas là.
D Puisque vous êtes connu à Antibes revenez-y. Je vais garder la marchandise jusqu'à votre retour.
E Vous devez aller chez votre consul. Il a des bureaux dans la Rue Gambetta, je crois.

Role-play cards suitable for 'O' Level candidates *in addition* to those already printed:

Role-play card 19

Your pen-friend with whom you have been corresponding for three years but whom you have never met, has arranged to meet you outside the Gare Saint Lazare in Paris. You will know her because she will be carrying a copy of the newspaper *Le Figaro*. The examiner plays your pen-friend.
(a) Go up to her and introduce yourself.
(b) Say you are worried about your luggage.
(c) Ask if there is time to visit the Tour Eiffel before you leave Paris for her home in the provinces.
(d) You prefer the bus to the métro when she asks you.

Possible developments: (which may be initiated by the examiner but for which you must be prepared).

1 Finding out where the left luggage office is. Arranging for luggage to be sent on. The office is closed.
2 Yes, there is time – how to travel?
Not enough time – but go down to the river and see it from a distance.
Time presses and a taxi must be hailed.
3 No convenient service by bus to the Gare de Lyon. The metro is quicker.
Choice of two buses: one that passes in front of the Louvre or one which crosses the river and follows the left bank.
4 Both parties suddenly realise that this is a case of mistaken identity. What to do and say?

Role-play card 20

You have spilt coffee on your trousers and they are badly stained. You take them to the nearby cleaners. The examiner is behind the counter.
(a) Show her the trousers and ask if they can be cleaned.
(b) Ask the cost of the cleaning and/or mending a tear.
(c) Say you are leaving in three days and need them then.
(d) Ask if you can check the pockets to see whether you have forgotten anything.

Possible developments:

1 This week there is a special offer – coat and trousers but not trousers alone.
Yes, but there is a tear as well and no responsibility accepted.
2 Five francs fifty – simple cleaning.
Six francs thirty – 'super' cleaning.
Ten francs with coat as well.
Four francs fifty – mending.
ten franc note.
Change out of twenty franc note.
fifty franc note.
3 Shop closed for week-end.
Will do best but will cost two francs more.
Regret too much work on hand already.
4 Enumerate any articles found – bus ticket, key, receipt for hotel bill, a button, coins – which?
5 Employee becomes bad-tempered and says:
No longer accept this kind of work, but another branch does.
Material unsuitable for cleaning anyway.
Eve of annual holidays – try another branch. Gives directions to reach it and candidate has to repeat them.

Role-play card 21

Your car breaks down in the middle of Saint Etienne on the way to the Côte d'Azur. All your efforts to start it are unavailing. You telephone from a nearby phone-box to the Garage Renault for help. The examiner is the voice at the end of the line.
(a) Say where you are and ask for a tow.
(b) Say you belong to the AA and ask whether the garage will recognise a letter of credit issued by the AA.
(c) Explain that you had a 20,000 kilometre service before you left England.
(d) You are hoping to catch the boat for Corsica in Nice tomorrow afternoon at two. Can the garage come quickly?

Possible developments:

1 Garage asks for telephone number of phone-box, name of street where break-down took place and whether traffic is hampered.
Towing vehicle out on another job, won't be back for some time. Garage requests particulars of car-make and number.
2 What is AA?
No cheques – only cash accepted.
Letter of credit accepted provided countersigned by vice-consul. His office is . . . .
Towing fee, 250 francs.
3 Any idea of cause of breakdown? Electrical? Mechanical?
Any suspicious noises?
4 Will do best.
Closing for lunch.
Tomorrow a Saturday and an important football match against Leeds.

Role-play card 22

You are at the booking office of the Opéra de Paris. You want to book a seat for a performance of *Samson et Dalila* on Tuesday 18 November. You can afford to pay thirty francs for a seat. The examiner is the booking office clerk.
(a) Ask for one seat for *Samson et Dalila* on Tuesday 18 November.
(b) You would like a seat costing no more than thirty francs, and wish a good view of the stage.
(c) What time does performance start?
(d) Any restriction on dress?

Possible developments:

1 Matinée or evening performance?
All seats booked but special extra performance on Wednesday 26 November.
The opera has been taken out of the repertoire and is replaced by *Faust*.
Can't book yet as priority is given to season ticket holders.

2 Only *amphithéâtre* and *stalles de côté* at that price.
Most of *amphithéâtre* taken. What does candidate want?
Might be standing room behind baignoires.
All accommodation booked. Might be *troisième loge de côte* at thirty-five francs.
3 Performance starts at eight o'clock but may be late because it is one of *les jeudis habillés de l'Opéra*.
4 Must wear suit and tie.

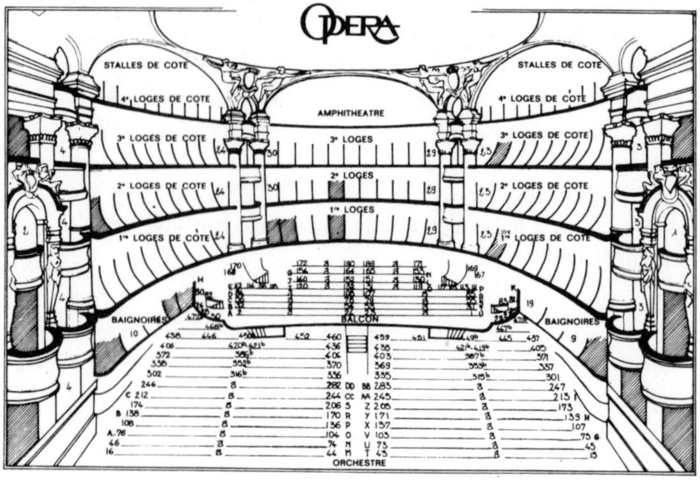

Role-play card 23

You are driving south to Spain. You stop at a *relais routier* along the *route nationale* and inspect the menu outside:

Menu à 17 francs

Service à 10% et
boisson non comprise

Potage du jour
ou
Terrine du chef
ou
Crudités

Filet de mostèle
Pommes vapeur
ou
Médaillon de veau
Haricots au beurre

Fromage ou Fruit ou Crême Caramel

Vins au pichet

Rosé d'Anjou	73 cl. 7.50	37 cl. 4.00
Bordeaux Rouge	8.00	4.50
Muscadet Blanc	7.00	3.75

Café 2.50

Go into the *relais* and order a meal. The examiner is the *garçon*.
(a) Ask what kind of soup is being served today.
(b) Order the soup and meat for yourself and a cold entrée and fish for your companion.
(c) When the *garçon* asks what wine you want, choose one and ask if there is any mineral water.
(d) Order cheese, fruit or dessert as appropriate. Ask what cheeses are available and ask to see the fruit bowl.
(e) Order two coffees, one black and one with a little milk. Ask for an ash-tray.
(f) Ask for the bill and check the totals, in particular the percentage added for gratuities.
(g) Ask where the toilets are.

Possible developments:

1 Soupe aux oignons ou potage maison?
2 Il ne reste plus de mostèle mais je peux vous offrir des crevettes mayonnaise.
3 De l'eau gazeuse ou de l'eau nature? Une demi-bouteille ou un quart?
4 Du camembert, du fromage blanc du pays ou du cantal? Des abricots ou des raisins? Il ne reste plus de pêches.
5 Quelle liqueur voulez-vous avec votre café?
6 Vérifier la monnaie – billets de 100 francs, cinquante francs, trois billets de dix francs et deux pièces de cinq francs.
7 Dehors au fond, dans la cour.
Elles sont en réparation.
Au premier étage à gauche dans le couloir.

Role-play card 24

You finally arrive at the Mediterranean. You stop at a roadside shack selling cold drinks and ice-cream. The examiner is the owner.

(a) Ask if bathing is permitted.
(b) Buy a bottle of mineral water.
(c) Offer an empty mineral water bottle in part payment.
(d) Ask whether it is a good place to 'hitch' a lift to Nice.
(e) Enquire the fare by bus to Nice and if there will be a bus soon.

Possible developments:

1 La baignade est interdite. Ne voyez-vous pas le drapeau rouge?
On peut se baigner mais la plage n'est pas surveillée et il y a eu des noyades.
La mer paraît calme mais il y a des lames de fond.
C'est une plage sûre – aucun risque.
2 Laquelle? Vichy? Vittel? Badoit?
La bouteille entière? Une demie? Un quart?
Nature ou gazeuse?
Combien? – 1.80, 1.85, 2.05.
Rendre la monnaie sur cinq francs.
Avez-vous l'appoint?
3 La bouteille n'est pas consignée.
Le verre est perdu.
Ah oui, c'est bien consigné. Ça fait cinquante centimes en moins.
Refaire le total et vérifier la monnaie.
4 Les automobilistes ne s'arrêtent plus pour les auto-stoppeurs.
Il y a eu trop d'incidents désagréables.
Les auto-stoppeuses peut-être . . . .
Il y a trop de trafic. On ne peut plus garer sa voiture.
5 Il y a un car toutes les deux heures, à la demie.
Quelle heure est-il maintenant?
Donc vous aurez . . . minutes à attendre.
Est-ce que votre montre avance?/retarde? De combien?
La place coûte deux francs soixante mais si vous achetez un carnet ça revient moins cher.
Je n'ai pas la moindre idée, je suis commerçant et je n'ai pas le temps de m'occuper de ces choses-là.

6 The prepared topic (C S E)

Some CSE examination boards include a section on a prepared topic in their oral test. A candidate is given a list of three or four topics to choose from five minutes before his examination. Usually he can make a few notes to which he can refer while he gives a short talk. After he has finished, the examiner may ask him a few questions to test his understanding. The candidate's teacher may act as local examiner and the whole process can be tape-recorded for an external examiner to listen to at his leisure.

Likely topics could include:
Ma famille
Mon école
Les vacances
Le week-end.

The preparation of a short talk on each of these few topics forms a good basis, not only for any general conversation with the examiner, but also for the written paper. The kind of standard that is required is sufficiently indicated by the following examples of varying length and merit.

Ma famille

Il y a quatre personnes dans ma famille; mon père, ma mère, ma soeur, Sharon, et moi. Ma soeur a dix-huit ans, elle est plus agée que moi. Nous habitons une maison dans la Rue Haute. Le jardin, qui est très grand, est derrière la maison et mon père y passe tout son temps après son travail. Je l'aide un peu le samedi matin pendant que Sharon fait le ménage avec ma mère.

Possible questions for the examiner
Q1 Comment s'appelle votre soeur?
A1 Ma soeur s'appelle Sharon.
Q2 Où se trouve votre jardin?
A2 Notre jardin se trouve derrière la maison.
Q3 Que fait votre soeur le samedi matin?
A3 Ma soeur / Elle aide ma mère à faire le ménage.

Mon école

Mon école s'appelle Camford Comprehensive et a plus de mille élèves. Je suis là depuis cinq ans et, bien sûr, j'ai beaucoup d'amis. J'étudie plusieurs matières; par exemple le français, l'anglais, l'histoire et les mathématiques. Dans ma classe de français nous sommes vingt-huit et le professeur s'appelle Monsieur Burton. Quand je quitterai l'école je travaillerai comme apprenti-mécanicien.

Questions
Q1 Combien d'élèves y a-t-il dans votre classe de français?
Q2 Qui est Monsieur Burton?
Q3 Quelle sera votre future carrière?

Les vacances

J'aime beaucoup les vacances, surtout les grandes vacances de l'été. D'habitude, il fait beau et chaud et je vais à la mer ou à la campagne, avec mes amis. Le soir nous regardons la télévision en toute tranquillité car il n'y a pas de devoirs à faire.

Questions
Q1 Quel temps fait-il généralement en été?
Q2 Quels programmes voyez-vous à la télévision?

Le week-end

Le week-end est 'le clou' de la semaine parce que je suis tout à fait libre après le travail à l'école de lundi à vendredi. Je sors avec mes amis et nous jouons au football. Parfois je vais au match à Southampton. La nuit de samedi je dors, l'esprit tranquille, car je me lève tard le dimanche matin.

Questions
Q1 Pourquoi le weekend est-il 'le clou' de la semaine?
Q2 Que faites-vous le samedi?
Q3 A quelle heure vous levez-vous le dimanche matin?

Other suitable topics

La Noël – saison préférée, cadeaux, bonhomme de neige, repas de Noël.
Mon chien – petit, blanc et noir, longue queue, cinq ans, son nom? ce qu'il mange.
Le cinéma – films favoris, samedi soir, jouer au 'bingo', où se trouve le cinéma.
Une maladie – attraper un rhume, éternuer, un match, une fièvre, de l'aspirine, garder le lit, un 'grog'.

Les devoirs
Une visite
Un livre intéressant
Un match de football
La télévision
Nos voisins
Mon meilleur ami
Notre appartement

7 The reading passage with or without questions ('O' Level)

Some GCE examining boards still retain the traditional reading passage at 'O' Level. As this is unseen reading a candidate is normally given a few minutes (up to five) to study the passage by himself. It is a good idea to try to read the passage through twice, firstly to grasp the meaning, and then for correct stress and intonation plus the noting of any unfamiliar word.

A candidate for this type of oral test should work with the French *assistant* if his school is lucky enough to have one. Again, not all schools possess language laboratories and if this is the case a candidate will need to listen carefully to radio, television and tape-recordings of French people talking. He should be careful not to stumble over figures – numbers or dates that may occur in the text – and, above all, he should beware of treacherous similarities. Thus, if he sees the word *général* he may be tempted to pronounce it as in English – (jenrul). In French, each syllable carries equal weight – gé-né-ral. Other 'false friends' are: *télévision, téléphone, menu, différence.*

Further useful advice will be found on page 8. The following reading passages and questions of the type which might subsequently be put by the examiner give an idea of the required standard.*

1 Suivant toujours la route du lac, Robert pénétra dans la ville de Genève, au volant de sa nouvelle voiture bleu marine. Il l'avait achetée huit jours auparavant, à un diplomate américain qui allait rentrer dans son pays. Robert roulait en chantant. Il était fort content de sa nouvelle acquisition.

Il était bon conducteur. Il ralentit doucement pour laisser passer une vieille demoiselle accompagnée de son petit chien. Elle s'inclina poliment en direction de Robert, pour lui dire merci.

Dans un 'parking' derrière une banque, Robert laissa sa voiture. Il la ferma à clef et entra dans la banque pour changer de l'argent: quatre cents dollars et les quelques billets français qui lui restaient depuis ses vacances à Paris.
(*London, 'O' Level*)

1 Quelle était la couleur de la voiture de Robert?
2 Qui avait été l'ancien propriétaire?
3 Comment sait-on que Robert est heureux?
4 Comment savons-nous que la vieille dame était une personne courtoise?
5 Existe-t-il un mot plus français que 'parking' et avec le même sens?

2 Maigret avisa un hôtel iuste en face du pont, et pénétra dans le bureau.
– Je voudrais une chambre donnant sur le quai.
– Pour combien de temps? . . . Trois jours? . . . Une semaine?
– Pour le temps qu'il me plaira. Police judiciaire.
– Nous n'avons rien de libre. Je regrette . . .
– Passez-moi votre registre.
– Attendez, Monsieur. Voyons. . . Premier étage. . . deuxième. . . Il faut que je téléphone à la femme de chambre du deuxième pour m'assurer que le 218 n'est plus occupé.

Maigret haussa les épaules.

On lui donna la chambre, bien entendu. Le garçon d'étage questionna:
– Il y a des bagages à monter, Monsieur?
– Rien du tout . . . Apporte-moi seulement une tasse de café et laisse-moi tranquille.
(*London, 'O' Level*)

1 Où se trouve l'hôtel que Maigret choisit?
2 Qu'avait-il demandé à la réception?
3 Pourquoi l'employé changeait-il d'avis?
4 Quelle était la réaction du garçon d'étage?
5 Aimez-vous les romans policiers? Pourquoi? Lesquels?

3 Il était minuit passé lorsque Bernard arriva devant la grille du jardin. Le bruit de la voiture avait réveillé tous les chiens du village.

* The questions set on passages 1–7 inclusive are those of the author and *NOT* of the Examining Board.

Pendant que Bernard, sa valise à la main, contournait un parterre de chrysanthèmes, reconnaissables à leur odeur amère, il entendit marcher dans l'escalier. La porte s'entr'ouvrit sur la pâle figure de son beau-père avec sa barbe blanche.
– Qui vient la? demanda-t-il, scrutant cette silhouette confuse dans le noir.
– Moi, mon père. J'arrive de Paris.
– Bernard! Pas possible! s'exclama le vieillard en ouvrant toute grande la porte. Il élevait une lampe de cuivre.
– Vous voyez. J'ai un congé de trois jours. Je suis parti sans avoir eu le temps de m'annoncer . . . Ma femme est-elle toujours auprès de vous?
(*London, 'O' Level*)

1 Pour quelle raison les chiens aboyaient-ils?
2 A quoi Bernard reconnaissait-il les fleurs?
3 Comment réagit son beau-père en voyant Bernard?
4 A quoi attribuez-vous la visite de Bernard?
5 Aimez-vous les fleurs? Quelle est votre fleur préférée? (ou Laquelle préférez-vous?) Pourquoi?

4 Tous les matins vers huit heures, la petite Anglaise entrait dans la cuisine avec sa bonne Tatsu, et c'était toujours pour elle un enchantement.

Tout en avalant un bol de lait et des tartines, elle observait Ah-Sin, le cuisinier, qui courait en tous sens. Il coupait du bois, entretenait le feu, soulevait les grosses marmites où il avait mis ses ragoûts savoureux de porc ou de mouton.

Il apportait des casseroles plus petites, réservées à la cuisine orientale et d'où s'échappaient d'appétissants fumets, tandis que le grand four exhalait l'odeur délicieuse du pain qui cuit.

Comme il faisait bon, toujours, dans la cuisine d'Ah-Sin!
(*London, 'O' Level*)

1 Que mange la petite Anglaise pour son petit déjeuner?
2 Qu'est-ce qu'il y avait eu dans les marmites?
3 Quelle odeur s'échappe du feu?
4 Pourquoi Ah-Sin courait-il 'en tous sens'?
5 Quel est votre plat favori? Pourquoi?

5 Avant de tirer les rideaux Yolande regarda la route. Rien, ni personne. La neige avait cessé, mais dans le grand espace blanc qui restait, tout se confondait, les maisons, les arbres, la route, la rivière gelée. Seule la haute tour de l'église, de l'autre côté de la rivière, conservait une silhouette. Quelque part du côté de la ville, un chasse-neige labourait en silence.

Le front collé à la vitre, la bouche entr'ouverte, Yolande regardait tout cela sans voir, fascinée seulement par la blancheur. Cette heure du jour, en hiver, la trouvait toujours en proie à une envie de pleurer. Elle tira les rideaux de la fenêtre.
(*London, 'O' Level*)

1 Qu'est-ce que Yolande a vu sur la route?
2 Pourquoi la tour de l'église avait-elle gardé sa silhouette?
3 Quelle était la réaction de Yolande?
4 Quel geste fait-elle après avoir tout regardé?
5 Aimez-vous la neige? Pourquoi (pas)?

6 Eric, l'aîné, ne manifestait aucun don artistique. Il ne rêvait que chasse à l'ours, au cerf, à la baleine, et s'intéressait passionnément à la navigation. Aussi faisait-il le désespoir de sa famille et surtout du père, qui le traitait de bon-à-rien. Au contraire, Oscar, qui avait deux ans de moins que son frère, se révéla dès le jeune âge un extraordinaire artiste, d'une sûreté de main incomparable.

A douze ans il brossait déjà des paysages. Ses sapins et ses bouleaux étaient encore plus beaux que ceux du père, et ses tableaux coutaient déjà un prix fou.

Les deux frères, de goûts si opposés, s'aimaient cependant tendrement. Eric, revenu de chasse, ne quittait pas l'atelier de son frère.
(*London, 'O' Level*)

1 Quelle était la passion d'Eric?
2 Son père, en était-il content? A quoi le savez-vous?
3 Qu'est-ce qui indique qu'Oscar avait un grand talent artistique?
4 Les deux frères s'entendent-ils? Comment le savez-vous?
5 Avez-vous vu des tableaux dans un musée ou à une exposition? Lesquels?

7 Quand les yeux de Jacqueline avaient parcouru la dernière ligne de la lettre, elle la plia soigneusement en quatre. Du fond du divan où elle était allongée, la jeune femme se leva avec un calme étudié. Elle mit la lettre sous la pendule sur la cheminée. Elle prit le temps de se coiffer, alluma une cigarette, mit son imperméable et sortit, se dit-elle, pour faire des courses. Mais elle passa

devant l'épicier, le boucher et le boulanger sans même tourner la tête. Une pluie fine avait commencé à tomber, mais Jacqueline ne s'en aperçut pas. Elle ne savait plus où elle était, ni ce qu'elle faisait.

– Pauvre Jean, se disait-elle. Elle savait maintenant qu'elle ne le reverrait plus.

(*London, 'O' Level*)

1 Qu'a fait Jacqueline avec la lettre après l'avoir lue?
2 Où la cache-t-elle?
3 Qu'est-ce qu'elle faisait avant de sortir?
4 Pourquoi Jacqueline ne savait-elle pas qu'il pleuvait?
5 Aimez-vous marcher sous la pluie? Pourquoi (pas)?

OTHER BOOKS FROM MACMILLAN FOR USE WITH CSE AND O LEVEL CLASSES

Histoires Vues, Histoires Lues

. T. Gill Leech

This book is designed for O level and CSE classes to use in the pre-examination and examination years. The first section, *Histoires Vues,* consists of 30 picture strip stories, each accompanied by vocabulary and questions: this section is to give the pupils practice in the picture composition question set by the examining Boards.

The second section, *Histoires Lues,* gives a short summary of and ten comprehension questions on 30 passages which are given in full in the Teachers' Book and thus provides practice in aural comprehension. A tape is available with recordings of these passages read by native French speakers and this enables pupils to hear and get used to understanding a native French accent.

Pupils' Book 80pp *Limp* 333 16681 7
Teachers' Book 104pp *Limp* 333 16682 5
Tape 333 17220 5

Au Choix

H. R. Bisschop and A. M. Lunel

Au Choix is a book for reading comprehension, and is intended for GCE O level and top CSE candidates. It consists of 16 passages in French, well illustrated with photographs and maps. The topics are lively and up-to-date and in some cases deal with aspects of cultural background which will be of special interest to those pupils whose course includes a civilisation element. Each passage is followed by a section of multiple-choice questions and a section of questions which demand 'true or false' answers.

The French vocabulary used is based on *'le français fondamental'.* The passages are self-contained units and therefore may be used in any order, each provide work for one teaching period. Difficult vocabulary is explained in French at the end of the passage in which it is used.

88pp *Limp* 333 186184